TROIS CHARTES PÉRIGOURDINES

DU XIVe SIÈCLE

1° Réplique à l'Information de 1310

2° Hommage rendu en 1323 au Comte de Périgord
par le Seigneur de Vernode

3° Procès-Verbal de la démolition de la tour de Razac
en 1397

PAR

Paul HUET

Membre de la Société historique et archéologique du Périgord.

PÉRIGUEUX

IMPRIMERIE RIBES, RUE ANTOINE-GADAUD

1910

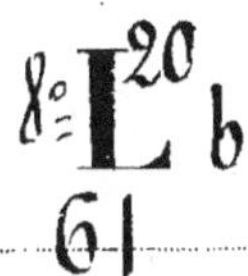

TROIS CHARTES PÉRIGOURDINES

DU XIVᵉ SIÈCLE

TROIS CHARTES PÉRIGOURDINES

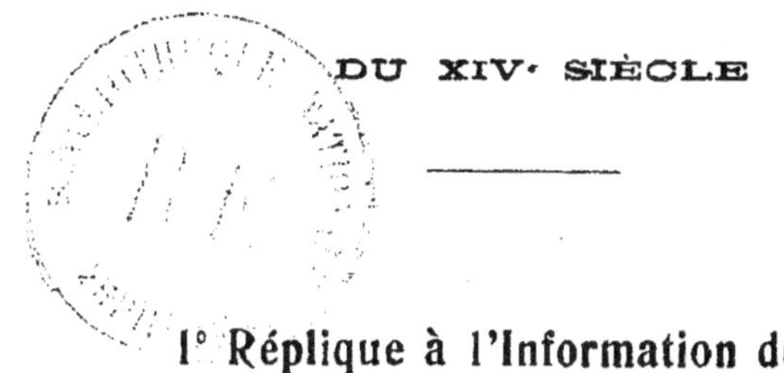

DU XIV· SIÈCLE

1° Réplique à l'Information de 1310

2° Hommage rendu en 1323 au Comte de Périgord
par le Seigneur de Vernode

3° Procès-Verbal de la démolition de la tour de Razac
en 1397

PAR

Paul HUET

Membre de la Société historique et archéologique du Périgord.

PÉRIGUEUX

IMPRIMERIE RIBES, RUE ANTOINE-GADAUD

1910

TROIS CHARTES PÉRIGOURDINES

DU XIVᵉ SIÈCLE.

Charte n° 1.

Fragment d'un mémoire du commissaire du roi de France au sujet des entreprises des gens du roy d'Angleterre, duc de Guyenne, sur divers territoires du royaume de France, ou réplique a l'information de 1310. (*Bibliothèque nationale.— Bréquigny, 34.— Guyenne XXV, f° 116.— Moreau, 658*).

(*Note de Bréquigny placée à la fin de cette pièce*) :

« Copié sur un rôle original en parchemin dont il ne reste
» que six membranes, la première est même en partie
» détruite. Elle commence au n° 77. Chaque alinéa est mar-
» qué d'un chiffre. Nous n'avons pu commencer la transcrip-
» tion qu'au n° 84. Il paroît que ce rôle contenoit encore
» d'autres membranes que nous n'avons pas trouvées. Sa
» marge extérieure est extrêmement endommagée par la
» pourriture ».

En 1902, nous avons fait paraître dans le *Bulletin* l'information ordonnée en 1310 par le roi d'Angleterre au sujet des
surprises faites à son préjudice par le roi de France, dans les
provinces de Périgord, Limousin et Quercy. La charte qui
suit semble être une réplique à cette information. C'est du

moins l'opinion de Dessalles (*Histoire du Périgord*, vol. II, page 113), qui estime qu'elle fut certainement établie avant la création de l'évêché de Sarlat qui eut lieu en 1317. Il n'est, en effet, dans cette pièce, aucunement question de cet évêché. Nous nous contenterons de formuler cet avis sans nous ranger pour ou contre. La lacune du commencement et de la fin nous en ôte les moyens.

Tout mutilé qu'il est à ses deux extrémités, ce texte, qui devait être considérable, nous donne une énumération, à cette époque reculée, d'un certain nombre de grands fiefs périgourdins et, à ce titre, il est encore d'une grande importance pour l'histoire du pays pendant la domination anglaise.

Probablement à cause de la difficulté de lecture d'une pièce en si mauvais état, la copie de Bréquigny est assez défectueuse. D'accord avec le vicomte Gaston de Gérard, qui a bien voulu nous aider dans ce travail délicat, et auquel nous exprimons ici toute notre reconnaissance, nous avons dû parfois changer les lettres de quelques mots évidemment mal lus, en ajouter d'autres probablement omis et modifier la ponctuation pour rendre certaines phrases compréhensibles.

Enfin, M. Pierre Meller, si versé dans toutes les questions bordelaises, a eu l'obligeance de nous donner de précieuses indications pour l'identification des domaines du temporel de l'archevêché de Bordeaux, qui figurent dans cette charte. Pour l'identification des domaines du temporel du monastère de Sarlat, nous avons utilisé, en grande partie, les annotations des *Chroniques de Tarde*, publiées en 1887 par le vicomte G. de Gérard.

DE MONTE-INCISO.

Item, dicit regius procurator ut supra, quod castrum de Monte-Inciso (1), diocesis Petragoricensis, cum ejus districtu et pertinentiis et honoribus cum feudis et retrofeudis suis pert[inentibus] dictis ejusdem castri et honor[ibus] sunt nunc de regno Francie predicto et movent et tenentur immediate a dicto comite Petragoricensi, ratione comitatus sui et movere ac teneri consueverunt immediate a predeces-

---

(1) Montanceix, ancien repaire noble, commune de Montrem, canton de Saint-Astier, arrondissement de Périgueux (Dordogne).

soribus suis comitibus Petragoricensibus ratione comitatus ejusdem.

Item, quod immediatum ressortum et superioritas dicti castri et ejus honoris et districtus et feodorum et retrofeodorum suorum et habitantium in eisdem pertinet immediate... [ad]dictum comitem, et pertinere debet et consuevit ab antiquo ad dominum nostrum regem Francie et ad senescalles suos Petragoricenses.

De Montrent et de la Faya.

Item, quod burgi et parochie de Montrent (1) et de la Faya (2) sunt et fuerunt ab antiquo siti in honore et districtu et intra metas seu limites honoris castellanie seu districtus dicti castri de Monte-Inciso.

Item, quod senescallia Petragoricensis pro domino rege et bajuli ac servientes regii ballivie de Petragoricinio, uti fuerunt et consueverunt uti et explectare pro dicto domino rege et pro ejus predicto ressorto, per tanta tempora quod de contrario memoria non existit, ante tempus dicte guerre Vasconie et etiam post tempus dicte pacis in dictis castro et ejus honore et omnibus burgis et parochiis sitis infra dictum honorem et districtum, et inhabitantes in eis in casibus ressorti indifferenter et palam et publice et adhuc utuntur et explectant, et est et fuit dictus dominus in saisina et quasi prossessione sic utendi et explectandi per senescallum, bajulos et servientes suos.

Item, quod, licet premissa sic se habeant et sint vera nichilominus officiales et servientes ducis predicti ipsum ressortum nisi fuerunt usurpare a tempore dicte pacis citra imped...... dictum dominum regem et senescallum suum Petragoricensem indebite et de facto, nomine ipsius ducis et eo ratum habente, licet idem dux non haberet nec habeat jus ressorti [vel superioritatis]... in castro predicto, nec in honore seu destrictu ejusdem, nec fuit de ejus feodo vel retrofeodo, et licet eidem duci non sit jus premissa faciendi.

Sancti-Apri de Perducio.

Item dicit predictus procurator ut supra, quod jurisdictio unius burgi de Perducio, scilicet burgi sancti Apri (3) et ejus parochie pertinet immediate et pertinuit ac pertinere consuevit ab an[no]... ad

---

(1) Montrem, commune, *ut supra.*

(2) Faye (la), hameau, commune de Léguilhac-de-l'Auche, canton de Saint-Astier, *ut supra.*

Hôpital pour les pauvres et prieuré fondés en 1219 par cinq frères du nom de La Faye qui donnèrent à cet effet leur maison paternelle à Léguilhac. (*Lespine, XXXIII*).

(3) Saint-Apre. Section de la commune de Tocane-Saint-Apre, canton de Montagrier, arrondissement de Ribérac (Dordogne).

dominum nostrum regem et ad senescallos suos Petragoricenses pro eo, et dictus dominus rex et ejus senescalli sunt et fuerunt in quasi possessione jurisdictionis predicte.

Item, quod jurisdictio alterius burgi de Perducio, scilicet burgi Sancte-Marie (1) et ejus parochie, pertinet immediate ad dictum comitem Petragoricensem, ratione comitatus sui, et pertinuit et pertinere consuevit ab antiquo immediate ad predecessores suos comites Petragoricenses, ratione comitatus ejusdem, et dictus dominus rex et ejus officialis pro ipso et senescallus eorum... predecessores sunt et fuerunt ab antiquo in possessione jurisdictionis predicte.

Item, quod jurisdictio dicti burgi Sancti-Apri et ejus parochie pertinet et pertinere consuevit ab antiquo ad dictum dominum regem immediate et ad senescallum suum Petragoricensem pro dicto domino rege, et quod ressortum immediatum et superioritas alterius burgî, scilicet burgi beate Marie et ejus parochie et habitantium in eisdem, pertinet immediate et pertinere debet et consuevit ad dictum dominum regem et ad senescallum suum Petragoricensem pro ipso.

Item, quod dictus dominus rex et ejus senescallus Petragoricensis pro ipso, sunt et ab antiquo fuerunt in quasi possessione et saisina jurisdictionis predicte.

Item, quod senescallus Petragoricensis pro dicto domino rege ac bajuli et servientes regii ballivie de Petragor[icinio] uti fuerunt et consueverunt uti et explectare a tanto tempore citra quod de contrario memoria hominis non existit, ante tempus dicte guerre Vasconie omnimoda jurisdictione immediata pro dicto domino rege et jure ejusdem in dicto burgo Sancti-Apri et ejus parochia et etiam post tempus dicte pacis indifferenter et palam et publice et adhuc utuntur et explectant cum casus contingunt et in casibus immediati ressorti et superioritatis in dicto burgo Sancte-Marie et ejus parochia et habitantes in eis.

Item, quod, licet premissa sic se habeant et sint vera, nichilominus officialis et servientis dicti ducis, nisi fuerunt usurpare pro ipso duce indebite et de facto et in prejudicium dicti domini regis post tempus dicte pacis jurisdictionem dicti burgi Sancti-Apri et ejus parochie et ressortum predictum dicti burgi beate Marie et parochia ejusdem, et impediverunt et perturbaverunt et impedire et perturbare nituntur in futurum, licet dictus dux non haberet nec habeat jus proprietatis jurisdictionis dicti burgi Sancti-Apri vel ejus parochie, nec jus ressorti vel

---

(1) Sainte-Marie-de-Perdus, ancien nom de la 2ᵉ section de la commune de Tocane-Saint-Apre, *ut supra*. Le nom de Tocane n'apparaît qu'au xvᵉ siècle. *(Dictionnaire de Gourgues)*.

superioritatis in [loco]... predicto beate Marie seu ejus parochia et licet eidem duci non competat jus premissa faciendi.

De burgo et parochia de Lagulhaco.

Item, dicit predictus regius procurator ut supra, quod jurisdictio burgi de Lagulhaco (1) est comitis Petragoricensis, ratione comitatus sui et fuit et consuevit esse predecessorum suorum comitum Petragoricensium, ratione comitatus ejusdem, et quod dictus comes tenet pro se et officiales sui et predecessores sui tenuerunt et tenere consueverunt assisias suas in burgo predicto.

Item, quod jurisdictio parochie dicti burgi movet a domino comite Petragoricensi, mediate vel immediate ratione comitatus sui, et movet ac teneri consuevit eodem modo a predecessoribus suis comitibus Petragoricensibus

Item, quod ressortum immediatum et superioritas dicti burgi pertinet et pertinere debet ad dictum dominum regem et senescallos suos pro eo et quod ressortum dicte parochie pertinet ad dictum comitem immediate et pertinere debet et consuevit ad dictum dominum regem et senescallos suos Petragoricenses pro eo.

Item, quod senescalli Petragoricenses, pro dicto domino rege, et bajuli et servientes regii ballivie Petragoricensis, uti fuerunt et consueverunt uti et explectare a tanto tempore citra quod de contrario memoria non existit ante tempus dicte guerre Vasconie pro dicto domino rege et pro jure ejusdem in dictis burgo et parochia in casibus ressorti et etiam post tempus dicte pacis indifferenter palam et publice et adhuc utuntur et explectant[ur] et predictus dominus rex fuit et est in quasi possessione premissorum.

Item, quod, licet predicta sic se habeant et sint vera, nichilominus officiales et servientes ducis predicti nisi fuerunt usurpare pro ipso duce indebite et, de facto, et in prejudicium domini regis, post tempus dicte pacis, dictum ressortum et superioritatem, licet ipse dux non habeat jus ressorti vel superioritatis in ipsis burgo et parochia, nec fuit de ejus feodo vel retro feodo et licet eidem duci non sit jus premissa faciendi.

De burgo et parochia de Podio-Corbier.

Item, dicit procurator predictus ut supra, quod burgus de Podio-Corbier (2), cum ejus parochia et jurisdictione ejusdem burgi et paro-

---

(1) Léguilhac-de-Lauche, commune, *ut supra*.

(2) Puy-Corbier, commune, canton de Mussidan, arrondissement de Ribérac (Dordogne).

chie, movet et tenetur immediate a comite Petragoricensi predicto, ratione comitatus sui, et movere ac teneri consuevit immediate a predecessoribus suis comitibus Petragoricensibus.

Item, quod ressortum dicti burgi et parochie pertinet immediate ad dictum comitem et pertinere debet et consuevit ad dictum dominum regem et senescallum suum Petragoricensem pro eo.

Item, quod senescallus Petragoricensis, pro dicto domino rege, ac bajuli et servientes regii ballivie de Petragoricinio, uti fuerunt et consueverunt uti et explectare a tanto tempore citra quod de contrario memoria non existit ante tempus guerre Vasconie pro dicto domino rege et pro jure ejusdem domini regis in dictis burgo et parochia in casibus ressorti et etiam post tempus dicte pacis indifferenter palam et publice et adhuc utuntur et explectant, et predictus dominus rex fuit et est in saisina et quasi possessione per senescallos suos Petragoricenses et bajulos et servientes suos.

Item, quod, licet premissa sic se habeant et sint vera, nichilominus officiales et servientes dicti ducis nisi fuerunt usurpare pro ipso duce indebite et de facto in prejudicium dicti domini regis post tempus dicte pacis dictum ressortum et superioritatem, licet ipse jus non haberet nec habeat jus ressorti vel superioritatis in ipsis burgo et parochia, nec fuit de ejus feodo vel retrofeodo et licet eidem duci non sit jus premissa faciendi.

DE MANSO DE FAVAYROLAS.

Item, dicit idem procurator ut supra, quod mansus de Favayrolas (1), situs prope ecclesiam de Mirmat (2) et habitatores ejusdem, quatenus comes habet et tenet ibidem et quia alii nobiles et ignobiles ab ipso cum mero et mixto imperio [sunt] et in parte quatenus idem comes habet ibidem in domenio de immediato feodo predicti domini nostri regis et quatenus alii nobiles et ignobiles habent et tenent ab ipso comite de retrofeodo dicti domini regis et superioritate et ressorto senescallie sue Petragoricensis, et ita recognoscunt esse verum et dicunt; comes predictus et alii hab[itatores] c.... ab ipso esse de feodo et retrofeodo, ut est dictum, predicti domini nostri regis predictum mansum esse de superioritate et ressorto senescallie sue Petragoricensis et licet dictus comes et alii c.... habentes ab ipso sint in possessione vel quasi predicti mansi, ut est dictum, exercendi juris-

---

(1) Faveyrolles n'existe plus ; d'après le texte était situé près de l'église de Minzac.

(2) Probablement : Minzac, commune du canton de Villefranche-de-Long-chapt, arrondissement de Bergerac (Dordogne).

dictionem omnimodam ibidem et predictus dominus rex et senescallus suus Petragoricensis pro ipso, utendi superioritate et ressorto ibidem ad ipsum dominum regem superioritatem et ressortum predictum, nichilominus officiales dicti domini ducis, scilicet bajulus et servientes bastide de Lopchat (1), pro ipso domino duce in dicto manso citant, gagiant et molestant incolas dicti mansi indebite et injuste, molestando et perturbando dictum comitem et ejus officialem in exercitio jurisdictionis dicti mansi et predictum dominum regem et ejus senescallum Petragoricensem et bajulum et servientes suos ballivie de Petrag[oricinio] in exercitio superioritatis et ressorti suar[um] et nitendo usurpare superioritatem et ressortum in dicto manso in grande prejudicium dicti domini regis, cum idem dominus dux nullum jus habeat, nec sibi competat in premissis.

De tenemento de Lalo.

Item, dicit idem procurator ut supra, quod Helias de Somallaco, domicellus defunctus, habebat et possidebat suo jure hereditario, tempore quo vivebat, quartam partem cujusdam tenementi vocati de Lalo (2) cum mero et mixto imperio et jurisdictione omnimoda cujusdam quartam partem dicti tenementi, idem domicellus habebat et tenebat et se habere et tenere et debere recognoscebat a comite Petragoricensi, ratione comitatus sui Petragoricensis, et jus quod ibidem habebat idem domicellus rite ad perpetuum transtulit dudum in comitem predictum.

De Villa-Franche de Lopchas.

Item, quod in predicto tenemento, progenitor egregii principis domini nostri regis Anglie, ducis Aquitanie, construxit ac fieri fecit bastidam vulgariter appellatam Villam-Francham de Lopchac (3) et in eandem bastidam nunc tenet et possidet dominus dux predictus, vel alius ejus nomine, ipso ratum habente, in prejudicium et diminucionem feudi domini nostri regis, ratione comitatus predicti et superioritatis et ressorti senescallie sue Petragoricensis, licet nullum jus habeat idem dominus dux, nec sibi competat in predicta quarta parte tenementi predicti et sit et fuerit ab antiquo de immediato feudo dicti domini nostri regis et ad ipsum spectet ratione superioritatis et res-

---

(1) Longchapt-Bastide fondée à une date incertaine par Philippe-le-Bel et érigée en châtellenie dont relevaient deux paroisses : Minzac et Villefranche : (*Dictionnaire de Gourgues.*)

(2) Lalo ? P. e. commune de Journiac, canton du Bugue, arrondissement de Sarlat (Dordogne). (*Dictionnaire de Gourgues.*)

(3) Villefranche-de-Longchapt, chef-lieu de canton, *ut supra.*

sorti sui immediati quodque de premissis omnibus et singulis est communis opinio publica vox et fama in tenemento et vicaria tenementi predicti.

Item, quod dominus noster rex seu senescallus Petragoricensis et Caturcensis pro ipso est et fuit ab antiquo in quasi possessione exercendi superioritatis ressortum in bastida predicta de Lopchac, ratione et causa quibus supra, citandi ad assisias suas de Petragor[icinio] habitatores et tenanciarios dicti tenementi et coutumaces et non comparentes sibi guagiendi in casibus superioritatis et ressorti.

Item, quod officiales dicti ducis dictum dominum regem et senescallum suum Petragoricensem et servientes suos in exercitio superioritatis et ressorti sui impediunt et perturbant, nitendo usurpare et sibi appropriare jurisdictionem et ressortum in dicto tenemento de Lalo et al[ias] utendo ibidem, non sinendo dominum regem predictum et ejus official[es] uti superioritate et ressorto in predicta quarta parte tenementi predicti pacifice ut deberent in grave prejudicium dicti domini regis et ressorti sui, licet ipse dux nullum jus habeat in premissis vel sibi competat jus faciendi premissa.

DE TEMPORALITATE CAPITULI SANCTI FRONTONIS.

Item, dicit ut supra dictus regius procurator quod temporalitas quam habent abbas et capitulum Sancti Frontonis Petragoricensis et omnia feuda et retrofeuda sunt et de regno Francie predicto.

Item, quod temporalitas et feuda ac retrofeuda et habitantes in eis subsunt immediate post dictum abbatem et capitulum et subere debent et consueverunt ressorto domini regis et senescalli sui Petragoricensis.

Item, quod ipse dominus rex fuit ab antiquo per senescallos, bajulos, officiales et servientes suos et adhuc est in saisina et possessione premissorum.

Item, quod senescalli Petragoricenses pro dicto domino rege et bajuli et servientes regii ballivie de Petragor[icinio] uti fuerunt et consueverunt uti et explectare, nomine domini regis, et pro ejus ressorto, a tanto tempore citra quod de contrario memoria non existit, ante tempus guerre predicte et etiam post tempus dicte pacis, in dicta temporalitate ac feudis predictis et retrofeudis, palam et publice in casibus ressorti et adhuc utuntur et explectant.

DE BURGO ET PAROCHIA DE MENSINHACO.

Item dicit ut supra quod burgus de Mensinhaco (1) cum ejus parochia et jurisdictio ejusdem burgi et parochie, movent[ur] et tenentur

---

(1) Mensignac, commune, canton de Saint-Astier, *ut supra*.

immediate a predictis abbate et capitulo et a comite Petragoricensi predicto, ratione comitatus sui.

Item, quod immediatum ressortum et superioritas dicti burgi et parochie et habitatorum ejusdem pertinet et pertinere debet et consuevit immediate post dictos abbatem et capitulum et comitem ad dictum dominum regem et ad senescallum suum Petragoricensem pro eo.

Item, quod dictus dominus rex fuit ab antiquo et adhuc est per senescallos suos Petragoricenses et bajulos ac servientes suos in saisina et quasi possessione exercendi in dictis burgo et parochia predictum ressortum.

Item, quod senescallus Petragoricensis pro domino rege ac bajuli et servientes regii bal ivie de Petragor[icinio], uti fuerunt et consueverunt uti et explectare nomine domini regis pro ejus ressorto a tanto tempore citra quod de contrario memoria hominis non existit, ante tempus guerre predicte, et etiam post tempus dicte pacis, in dictis burgo et parochia indifferenter palam et publice in casibus ressorti et adhuc utuntur et explectant.

Item, quod, licet premissa sic se habeant et sint vera, nichilominus officiales et servientes ducis predicti nisi fuerunt et adhuc nituntur minus juste uti et explectare in burgo et parochia predictis, nomine ejusdem ducis, et pro ipso, in prejudicium dicti domini regis impediendo et perturbando dictum dominum regem in ressorto suo predicto indebite et de facto, licet prefatus dux non haberet nec habeat jus ressorti vel superioritatis in burgo et parochia predictis et licet jus eidem duci non sit premissa faciendi.

De Ecclesia cathedrali Petragoricensis.

Item, dicit dictus regius procurator ut supra, quod ecclesia cathedralis Sancti-Stephani civitatis Petragoricensis fuit ab antiquo et est in speciali gardia dicti domini regis Francie cum sua temporalitate ac feudis et retrofeudis que ab ipsa ecclesia tenent seu moventur.

Item, quod ressortum et superioritatis predicte et dictorum feudorum et retrofeudorum pertinet et pertinere debet ac consuevit immediate ad dictum dominum regem et senescallos suos Petragoricenses pro eodem.

Item, quod dictus dominus rex fuit ab antiquo et est per senescallos et bajulos ac servientes suos baylie de Petragor[icinio] in saisina et quasi possessione sic exercendi ibi ressortum in temporalitate predicta.

De burgo et parochia Sancti-Perdulphi.

Item, quod burgus de Sancto-Perdulpho (1) cum ejus parochia, et jurisdictio ejusdem burgi et parochie, moventur et tenentur immediate a comite Petragoricensi predicto, ratione comitatus sui et ab ecclesiis Sancti-Frontonis et Sancti-Stephani Petragoricensibus.

Item, quod ressortum et superioritas ipsius burgi et parochie et habitantium in eisdem pertinet et pertinere debet et consuevit immediate ad dictum comitem et post predictas ecclesias ad dictum dominum nostrum regem et ad senescallum suum Petragoricensem pro eo.

Item, quod dictus dominus rex fuit ab antiquo et adhuc est per senescallos suos Petragoricenses et per bajulos ac servientes suos in saisina et quasi possessione exercendi in dictis burgo et parochia predictum ressortum.

Item, quod senescalli Petragoricenses pro dicto domino rege ac bajuli et servientes regii ballivie de Petragor[icinio] uti fuerunt et consueverunt uti et explectare nomine domini regis et pro ejus ressorto, a tanto tempore citra quod de contrario memoria hominis non existit, ante tempus guerre predicte et etiam post tempus dicte pacis in dictis burgo et parochia indiffe enter et palam et publice in casibus ressorti et adhuc utuntur et explectant.

Item, quod, licet premissa sic se habeant et sint vera, nichilominus officiales et servientes ducis predicti nisi fuerunt et adhuc nituntur uti et explectare in burgis et parochiis predictis, nomine ejusdem ducis, et pro ipso, in prejudicium dicti domini regis, impediendo et perturbando dictum dominum regem in ressorto suo predicto indebite et de facto, licet prefatus dux non haberet nec habeat jus ressorti vel superioritatis in burgo et parochia predictis et licet eidem duci non sit jus premissa faciendi.

De burgo et parochia Sancti-Aquilini.

Item, dicit dictus regius procurator ut supra, quod burgus et parochia Sancti-Aquilini (2) ac jurisdictio ejusdem burgi et parochie movent et tenentur dels Bernardeuxs qui tenent ipsam jurisdictionem a dicto comite Petragoricensi, ita quod dicta jurisdictio dicti burgi et parochie tenetur per dictos los Bernardoxs immediate a comite et movere ac teneri consuevit a predecessoribus ejudem comitis, nomine comitatus sui.

---

(1) Saint-Pardoux-de-Drône, commune, canton et arrondissement de Ribérac (Dordogne).

(2) Saint-Aquilin, commune, canton de Neuvic, arrondissement de Ribérac (Dordogne).

Item, quod ressortum et superioritas dicti burgi et parochie pertinet immediate post dictum comitem et pertinere consuevit et debet ad
dictum dominum regem et ad senescallum suum Petragoricensem et
quod dominus rex est in saisina de hoc et fuit per longa tempora in
quasi possessione exercendi ressortum predictum et superioritatem
per officiales et servientes suos.

Item, dicit ut supra quod bajuli et servientes regii ballivie de
Petragor[icinio] consueverunt ibidèm uti et explectare nomine dicti
domini regis in casibus ressorti et superioritatis ante tempus dicte
guerre Vasconie, palam et publice, et adhuc utuntur et explectant,
sicut in aliis locis dicte ballivie ressorto domini regis immediate
subjecto.

Item, dicit ut supra quod, premissis non obstantibus, officiales et
servientes dicti ducis nisi fuerint ibidem et explectare et demum loca
predicta et jurisdictionem eorumdem minus juste et in prejudicium
dicti domini regis et obediencie et ressorti ejusdem ad manum ducis
ejusdem posuerunt et etiam violenter occuparunt, quamquam nullam
cognitionem ibidem haberent et de novo carcerem ibidem fecerunt,
obedienciam et ressortum dicto domino regi indebite usurpando, licet
ipsi duci non sit jus hoc faciendi, nec habeat jus ressorti vel superioritatis, nec fuit de feodo vel retrofeodo ejusdem.

DE BURDELHA.

Item, dicit dictus procurator ut supra quod castrum et castellania
de Burdelha (1) sunt in et de regno Francie.

Item, quod dictum castrum et castellania subsunt et subesse debent
et consueverunt ab antiquo immediate ressorto domini regis predicti
et senescalli sui Petragoricensis et ballivie de Petragor[icinio].

DE BURGO ET PAROCHIA DE CULTURIS.

Item, quod burgus et parochia de Culturis (2) sunt de dicta castellania et infra ipsam castellaniam et infra decus et limites ipsius
castellanie in parte castri et castellanie Helie de Burdelha, domini
eorumdem, pro parte sua, qui jurisdictionem burgi et parochie predictorum tenet immediate a domino episcopo Petragoricensi.

Item, quod ressortum et superioritas dicti burgi et parochie et
habitantium in eisdem pertinet et pertinere debet et consuevit ab

---

(1) Bourdeille, commune, canton de Brantôme, arrondissement de Périgueux
(Dordogne).

(2) Coutures, commune, canton de Verteillac, arrondissement de Ribérac
(Dordogne).

antiquo, per dictos dominos de Burdelha, ad dictum dominum regem et ad senescallum suum Petragoricensem.

Item, quod senescalli Petragoricenses pro dicto domino rege et bajuli et servientes regii ballivie de Petrag[oricinio] uti fuerunt et consueverunt uti et explectare, nomine djcti domini regis, et pro eo, ante tempus dicte guerre, per tanta tempora qued de contrario memoria non existit, et etiam post tempus dicte pacis, in casibus ressorti indifferenter et palam et publice in dictis burgo et parochia et habitatores in eis et adhuc utuntur et explectant et fuit ab antiquo dictus dominus noster rex per senescallos, bajulos et servientes suos in saisina et quasi possessione premissorum.

Item, quod, licet premissa sic se habeant et sint vera, nichilominus officiales et servientes dicti ducis ejus nomine et pro ipso nichifuerunt usurpare et pertubarunt a tempore dicte pacis circa dictum ressortum, in prejudicium dicti domini regis, et perturbare et impedire in eo indebite et de facto presumpserunt et adhuc impediunt et perturbant dictum dominum regem et ejus officiales bajulos et servientes suos, licet idem dux non habeat jus ressorti vel superioritatis in ipsis burgo et parochia nec fuit de ejus feudo vel retrofeudo et licet ipsi domino duci non sit jus faciendi premissa.

DE ESTISSACO.

Item, dicit dictus regius procurator ut supra quod castrum et castellania de Estissaco (1), Petragoricensis diocesis, cum pertinentiis suis et juribus sunt in et de regno Francie predicto.

Item, quod movent et movere debent et tenentur immediate in feudum a domino de Muysidano (2) et sunt in esse consueverunt ab antiquo de feudo dicti domini de Muyschidano et de retrofeodo comitis Petragoricensis, ratione comitatus sui.

Item, quod ressortum et superioritas dictorum castri et castellanie de Estissaco pertinent et pertinere debent ad dictum dominum regem Francie et senescallos suos Petragoricenses immediate post dictum comitem.

Item, quod dictus dominus noster rex seu senescalli sui Petragoricenses ac bajuli et servientes regii pro eodem, diu fuerunt in quasi possessione dictorum superioritatis et ressorti.

---

(1) Estissac, ancien château que l'on croit avoir été à l'emplacement ou près de Campagnac, hameau de la commune de Saint-Hilaire-d'Estissac, canton de Villamblard, arrondissement de Bergerac (Dordogne).

(2) Mussidan, chef-lieu de canton, arrondissement de Ribérac (Dordogne).

Item, quod senescalli Petragoricenses, pro dicto domino rege et
bajuli et servientes regii ballivie de Petragor[icinio], consueverunt uti
et explectare et exercere in casibus predicti ressorti et superioritatis
in castro et castellania predictis, ante tempus guerre predicte, et quod
servientes ipsius castri et castellanie consueverunt venire ad assisias
de Petragor[icinio] dicti domini regis, quando per servientes regios
adjornabantur ad eas et ibidem respondere et litigare.

Item, quod, licet premissa sic se habeant et sint vera, nichilominus
officiales et ministri ducis predicti occupaverunt et usurpaverunt
ressortum et superioritatem in ipsis castro et castellania, licet non
sint de feudo et retrofeudo dicti ducis et licet ipse dux non habeat jus
ressorti vel superioritatis in ipsis castro et castellania, nec sibi sit jus
faciendi premissa.

De temporalitate dicti archiepiscopi et ecclesie Burdegalensis.

Item, dicit idem procurator, ut supra, quod dominus archiepiscopus
et ecclesia Burdegalensis cum temporalitate sua sunt in et de regno
Francie et sunt et ab antiquo fuerunt in speciali gardia et protectione
superioritatis et ressorti domini nostri regis Francie et fuerunt per
tantum tempus quod de ejus contrario memoria non existit.

Item, quod habent et ab antiquo habuerunt prefati dominus archiepiscopus et ecclesia seu capitulum Burdegalense eorum quilibet pro
se gardiatorem suum specialem, tam a predicto domino rege quam a
multis progenitoribus dicti domini nostri regis, ad gardiandum ipsos
ac eorum temporalitatem auctoritate regia supradicta sciente seu scire
volente dicto domino duce et ejus officiales in ducatu et licet ipsi
dominus archiepiscopus et capitulum in temporalitate sua nec habeant,
nec teneant, nec hactenus tenuerint a predicto domino duce et specialis
gardia et superioritas et ressortum ejusdem archiepiscopi et capituli
et temporalitatis sue et specialis protectio eorum pertineant ad predictum dominum nostrum regem, et pertinuerint ab antiquo et sint in
possessione vel quasi eorumdem et fuerint ab antiquo, nichilominus
tamen officiales et commissarii predicti ducis in temporalitate ejusdem
archiepiscopi, scilicet in castro et castellania de Melliaco (1), in castro
et castellania de Coza (2), in castro et castellania de Baureomonte (3)

---

(1) Melac, ancienne paroisse, faisant partie de la commune de Tresses,
canton du Carbon-Blanc, arrondissement de Bordeaux (Gironde).

(2) Couze, commune du canton de Beaumont, arrondissement de Bergerac
(Dordogne).

(3) Lormont, commune sur la rive droite de la Garonne, en aval de Bordeaux, résidence des archevêques de Bordeaux, canton du Carbon-Blanc,
ut supra.

et ejus pertinentiis, in loco de Possaco (1) et ejus pertinentiis, in castro et castellania de Colturas (2) et in territorio dicto Loutrange (3), diocesis Vasconie, et in castro et castellania de Coudiorz (4) in ripparia de Gironda, pertinent ad temporalitatem ejusdem archiepiscopi, necnon in terra dicti capituli Burdegalensis, scilicet in loco de Cadaugat (5) et in alia temporalitate dicti capituli existente... in quibus dicti dominus et archiepiscopus et capitulum habent jurisdictionem omnimodam et merum et mixtum imperum et sunt et ab antiquo fuerunt in quasi possessione eorumdem, nichilominus tamen predicti officiales et ministri ipsius domini ducis in dicto ducatu, ipsum dominum archiepiscopum et capitulum impediverunt et perturbarunt ante guerram novissimam predictam multipliciter in temporalitate predicta et exercitio jurisditionis ejusdem et adhuc impediunt et perturbant eos, non sinendo eos temporalitatem et jurisdictionem pacifice exercere in grave prejudicium eorum et contemptum prejudicium et diminutionem juris superioritatis et gardie, protectionis et ressorti predicti domini nostri regis, licet jus non sit predicto domino nostro regi vel ejus officialibus premissa faciendi.

DE MONASTERIO SARLATENSI.

Item, dicit procurator predictus ut supra, quod monasterium Sarlatense cum omnibus suis prioratibus, villis, castris, feudis et retrofeudis, hominibus, rebus ac possessionibus suis, est in et de regno Francie.

Item, quod ipsum monasterium, cum ejus omnibus hujusmodi prioratibus, decanatibus, villis, castris, feudis et retrofeudis, hominibus, rebus ac possessionibus suis, est in et de regno Francie, privilegiatum a dicto domino rege Francie et ad manum ipsius domini regis et heredum suorum regum Francie retentum, per ordinacionem seu arrestum curie Francie dicti domini nostri regis et servientibus domini regis Anglie, Aquitanie ducis, qui abbatem et conventum

---

(1) Pessac, chef-lieu de canton, arrondissement de Bordeaux (Gironde).

(2) Coutures-sur-le-Drot, commune du canton de Montségur, arrondissement de La Réole (Gironde).

(3) Loutrange, ancienne prévôté, située dans le hameau de Gouts, commune de Cocumont, canton de Meilhan, arrondissement de Marmande (Lot-et-Garonne).

(4) Cordouan. Nous ne voyons que ce vieux récif, placé au sommet de la pointe de Grave, qui, sur la Gironde, réponde à la question.

(5) Cadaujac, commune du canton de La Brède, arrondissement de Bordeaux (Gironde).

— 15 —

monasterii Sarlatensis predicti super hiis impetebant, silencium perpetuo in posterum, prout per tenorem ordinacionis seu arresti predicti evidenter apparet et apparere potest.

Item, dicit ut supra quod prioratus Sancti-Sacerdotis (1), Agenensis
diocesis, ac prioratus de Biarraco (2), diocesis Lectorensis, et prioratus de Roffiaco (3) ac prioratus de Don... vallibus (4), de Cawriaco (5),
de Monseco (6) et de Anessa (7), diocesis Agenensis, cum omnibus
rebus possessionibus et temporalitatibus et pertinentiis suis, juribus,
deveriis ac feodis et retrofeudis suis et cum jurisdictionibus quas
habent et habere debent et consueverunt, sunt membra specialia dicti
monasterii Sarlatensis et movent immediate ac dependent ab eo.

Item, quod, tam ratione dicti privilegii quam al[ias], ressortum
immediate et jurisdictio dictorum prioratuum et membrorum, seu
locorum et feodorum et retrofeodorum suorum et habitantium in
eisdem locis pertinet et pertinere debet immediate ad dictum dominum nostrum regem.

Item, quod, hiis non obstantibus, officiales dicti ducis, ejus
nomine et pro ipso, ipsum ressortum et jurisdictionem occupaverunt
et usurpaverunt ante tempus dicte guerre indebite et adhuc occupant
et tenent de facto in prejudicium dicti domini regis et monasterii
Sarlatensis predicti.

De manso de la Fauria.

Item, dicit dictus regius procurator ut supra, quod mansus seu
tenementum de la Fauria, parochie Montis Seguelli (8), et tenementum,
in quo moratur Helias Calveti, ejusdem parochie et mansus et tene-

---

(1) Saint-Sacerdos de Laurenque, commune de Gavaudun, canton de Mont-
flanquin, arrondissement de Villeneuve-sur-Lot (Lot-et-Garonne).

(2) Berrac, commune du canton et arrondissement de Lectoure (Gers).

(3) P. e. Roffiac, commune du canton et arrondissement de St-Flour
(Cantal). *ou plutôt Rouffiac, anc[ienne] p[aroiss]e, C[omm]e de Montbalus, C[ant]on de Cancon, arr. de Villeneuve s/Lot (Lot et Garonne)*

(4) Probablement : Envals, hameau, commune de Lausson, canton de Mont-
flanquin, *ut supra*.

(5) Probablement : Cavarc, commune du canton de Castillonnès, arrondissement de Villeneuve-sur-Lot (Lot-et-Garonne).

(6) Probablement : Boissec, commune de La Sauvetat-du-Drot, canton de
Duras, arrondissement de Marmande (Lot-et-Garonne).

(7) Probablement : Eynesse, commune, canton de Sainte-Foy, arrondissement de Libourne (Gironde).

(8) Faurie (La), ténement, commune de Montsaguel, canton d'Issigeac, arrondissement de Bergerac (Dordogne).

mentum de la Yteria, parochie Montis-Marnesii (1), cum pertinentiis, juribus ac deveriis suis, sunt in et de regno Francie et quod sunt et esse consueverunt decani de Yshigiaco (2), seu movent vel tenentur immediate ab eo.

DE MEMBRIS DECANATUS DE YSHIGIACO.

Item, quod decanatus de Yshigiaco est membrum speciale et insigne dicti monasterii de Sarlaco.

Item, quod dictus decanatus habet et habere debet et consuevit ab antiquo jurisdictionem omnimodam et exercitium jurisdictionis omnimode in mansis seu tenementis predictis et fuit et est per se vel predecessores suos in quasi possessione et saisina dicte jurisdictionis, salva turbatione infrascripta.

Item, quod ressortum immediatum et superioritas eorumdem mansorum et tenementorum pertinet et pertinere debet et consuevit ab antiquo ad dictum dominum regem et senescallum suum Petragoricensem pro eo.

Item, quod dictus rex fuit ab antiquo et est per senescallos seu ballivos et servientes suos in saisina et quasi possessione ressorti predicti et exercitii ejusdem.

Item, quod bajuli et servientes regii uti fuerunt et consueverunt uti et explectare ante tempus dicte guerre nomine domini regis et pro ipso in casibus ressorti et etiam post tempus dicte pacis, in mansis seu tenementis predictis.

Item, quod licet premissa sic se habeant et sint vera, nichilominus officiales et ministri ducis predicti a tempore dicte pacis citra, nihil fuerunt et nittuntur usurpare dictam jurisdictionem et perturbarunt et nittuntur perturbare dictum decanum in exercitio ejusdem et perturbare etiam impedire dictum dominum regem in predicto immediate ressorto, licet prefatus dux non habeat aliquod jus proprietatis vel ressorti in mansis seu tenementis predictis et licet non competat ei jus aliquod premissa faciendi.

Item, dicit dictus regius procurator ut supra, quod prioratus de Monasterio (3) et de Sancta-Cruce (4) et Sancti-Severini (5) Petrago-

---

(1) Ytérie (La), ténement, commune de Montmarvès, canton d'Issigeac, *ut supra*.

(2) Issigeac, chef-lieu de canton, arrondissement de Bergerac (Dordogne).

(3) Monestier, commune du canton de Sigoulès, arrondissement de Bergerac (Dordogne).

(4) Sainte-Croix, ancienne paroisse, commune de Monestier, *ut supra*.

(5) P. e. Saint-Seurin-de-Prats, commune du canton de Vélines, arrondissement de Bergerac (Dordogne).

ricensis diocesis sunt membra specialia decanatus predicti de Yshigiaco, dependencia immediate a dicto monasterio Sarlatensi, et ab eodem decanatu immediate dependet.

Item, quod priores prioratuum eorumdem habent in ipsis prioratibus et pertinentiis eorumdem multas proprietates et multa feoda que tenentur seu movent ab eis et movere ac teneri consueverunt a predecessoribus suis.

Item, quod habent etiam in eis et habere debent et consueverunt aliquas jurisdictiones temporales et exercitium ipsarum jurisdictionum.

Item, quod prefatus decanus de Yshigiaco habet et habere debet et consuevit in burgis et parochia ecclesiarum de Salsmignaco (1), de Axinsimula (?) et de Lestinhaco (2), Petragoricensis diocesis, que ecclesie sunt ejusdem decani multa feoda et retrofeoda que movent et tenentur ab eo ratione decanatus predicti et moveri ac teneri consueverunt a predecessoribus suis decanis de Yshigiaco quandiu ratione decanatus ejusdem.

Item, locus in quo est domus Helie Pelagos, domicellus, vocata de Lhemula (3) et pertinentie ejusdem loci, necnon et quidquid idem Helias Pelagos habet in parochia dicte ecclesie de Lestinhac et in honore de Podio-Guillelmi (4), sunt feuda predicti decanatus et movent et tenentur immediate a prefato decano, ratione decanatus sui predicti, et movere ac teneri consueverunt immediate a predecessoribus suis decanis de Yshigiaco, ratione decanatus ejusdem.

Item, quod omnes hujusmodi prioratus ecclesie, feoda et pertinentie eorumdem dependent et movent a predicto monasterio Sarlatensi, sic ut supra dicitur, retenti ad manum dicti domini nostri regis cum omnibus membris feudis et retrofeudis suis.

Item, quod virtute prefate ordinationis seu arresti curie Francie immediatum ressortum et immediata superioritas et jurisdictio ejusdem dictorum prioratuum et ecclesiarum et feudorum pertinet et pertinere debet ad dictum dominum nostrum regem et senescallum suum Petragoricensem.

Item, quod, licet premissa sic se habeant et sint vera, nichilominus officiales et ministri ducis predicti, a tempore dicte pacis citra, impediverunt et perturbarunt et nisi fuerunt et adhuc nituntur impedire et perturbare dictum decanum vel ejus ministros in suis jurisdictionibus

---

(1) Saussignac, commune du canton de Sigoulès, *ut supra*.

(2) Lestignac, ancienne paroisse, commune de Sigoulès, *ut supra*.

(3) P. e. Lafon de l'Orme, commune de Lestignac, *ut supra*.

(4) Puyguilhem, commune du canton de Sigoulès, *ut supra*.

2

dictorum locorum et feudis et retrofeudis et etiam niti fuerunt et adhuc nituntur impedire dictum dominum regem et officiales suos in ressorto immediato eorumdem locorum et licet dictus dux non habeat jus ressorti vel proprietatis in locis predictis et licet ei non competat jus hoc faciendi.

DE MONASTERIO SILVE-MAJORIS.

Item, dicit dictus regius procurator ut supra, quod monasterium Silve-Majoris (1) est in et de regno Francie.

Item, quod ipsum monasterium cum omnibus membris et locis et rebus bonis et hominibus suis que habet in regno predicto fuit ab antiquo et adhuc est et esse debet omnino exemptum a jurisdictione et subjectione dicti domini ducis, officialium que suorum et quod fuit ab antiquo et est preter infra scriptat turbaciones in quasi possessione et saisina premissorum.

Item, quod, hoc non obstante, idem monasterium cum predictis membris, locis rebusque et bonis et hominibus suis, remansit et adhuc remanet et remanere debet in subjectione et sub immediata superioritate et protectione dicti domini nostri regis.

Item, quod ipsum monasterium fuit ab antiquo cum omnibus membris, rebus bonisque et hominibus suis et adhuc est in speciali ̧ardi a dicti domini nostri regis.

Item, quod, ab antiquo, habuit et adhuc habet gardiatores speciales a dicto domino nostro rege.

Item, quod ressortum et superioritas dicti loci de Silva-Majore et membrorum et pertinentiarum suarum et bonorum hominumque suorum feudorum, retrofeudorum, pertinet et pertinere debet et consuevit immediate ad dictum dominum nostrum regem et quod dictus rex fuit ab antiquo et est in quasi possessione et saisina premissorum preter turbacionem infra scriptam.

Item, quod, licet premissa sic se habeant et sint vera, nichilominus officiales et ministri dicti ducis, a tempore dicte pacis citra, perturbarunt et niti fuerunt impedire et perturbare predictum monasterium et abbatem et conventum monasterii ejusdem et ministros eorumdem in jurisdictionibus locorum de Sancto-Leone (2) et Corbelhaco (?) et de Tranho (?), sive de Varan (?), et quorumdem aliorum locorumque jurisdictionem ad ipsos abbatem et conventum pertinent et pertinere debent et consueverunt ab antiquo, necnon et nituntur impedire et

---

(1) Sauve Majeure (La), commune du canton de Créon, arrondissement de Bordeaux (Gironde).

(2) Saint-Léon, commune du canton de Créon, *ut supra*.

perturbare dictum dominum nostrum regem in ressorto immediato, seu superioritate immediata premissorum et in quasi possessione eorumdem in qua est ipse dominus noster rex et fuit ab antiquo per se vel alium seu alios, ejus nomine, ipso mandante et ratum habente.

Item, quod de premissis et singulis est communis oppinio, publica vox et fama in territorio et vicinia locorum predictorum pro predicto domino nostro rege et contra ipsum dominum ducem et ejus officiales.

De Palnaco.

Item, dicit dictus regius procurator ut supra, quod prepositatus de Palnaco (1) est in regno et de regno Francie et quod est speciale et insigne membrum monasterii Sancti Martialis Lemovicensis, existentis cum omnibus membris suis in speciali protectione et gardia dicti domini nostri regis.

Item, quod prepositus dicti prepositatus habet et habere debet et ejus predecessores prepositi de Palnaco habuerunt et habere consueverunt a tanto tempore citra, quod de contrario memoria non existit in dicto loco de Palnaco et ejus pertinentiis, jurisdictionem altam et bassam et exercitium jurisdictionis ejusdem.

Item, quod dictus prepositatus, tam occasione dicti monasterii Sancti-Martialis Lemovicensis, a quo immediate dependet, quam occasione sui ipsius, fuit ab antiquo et est adhuc cum omnibus membris ejus in speciali gardia et protectione dicti domini nostri regis.

Item, quod ab antiquo habuit et consuevit habere et adhuc habet specialem gardiatorem a domino rege vel senescallo suo Petragoricensi.

Item, dicit ut supra quod temporalitas prepositatus ejusdem subest immediate et subesse debet dicto domino nostro regi, tanquam principi et domino superiori totius regni sui et senescallo suo Petragoricensi pro eo.

Item, dicit ut supra quod senescalli, ballivi et servientes regii, uti fuerunt pluries pro jure dicti domini regis et pro ejus immediato ressorto et superioritate in dicto loco de Palnaco et ejus pertinentiis et districtu.

Item, dicit ut supra quod, licet premissa sic se habeant et sint vera, nichilominus officiales et ministri ducis predicti et specialiter senescalli et judex Petragoricensis ducis ejusdem et bajuli et servientes senescallie ejusdem, occuparunt et occupata detinent indebite et de facto ac contra judiciarium ressortum dicti loci de Palnaco et ejus

---

(1) Paunac, commune du canton de Ste-Alvère, arrondissement de Bergerac (Dordogne).

districtus et pertinentiarum, licet idem dux non habeat aliquod jus ressorti vel superioritatis ibidem, nec sibi competat jus premissa faciendi.

DE CHEMOLACO.

Item, dicit dictus regius procurator, ut supra, quod prepositatus de Chemolaco (1) est in regno et de regno Francie.

Item, quod prepositus dicti prepositatus habet et habere debet et ejus predecessores prepositi de Chemolaco habuerunt et habere consueverunt in dicto loco de Chemolaco et ejus pertinentiis et districtu jurisdictionem omnimodam altam et bassam et exercitium jurisdictionis ejusdem.

Item, quod dictus locus, cum ejus pertinentiis et districtu, fuit fundatus de et in patrimonio terre comitatus Petragoricensis.

Item, quod comitatus Petragoriensis subest immediate post comitem dicto domino nostro regi et senescallo suo Petragoricensi pro eo, exceptis duobus vel tribus locis de quibus est debatum, de quibus locis locus predictus de Chemolaco non est.

Item, quod, tam ratione dicti comitatus quam aliis justis ex causis, ressortum et superioritas dicti loci de Chemolaco cum ejus pertinentiis et districtu pertinet et pertinere debet immediate ad dictum dominum nostrum regem et senescallos suos Petragoricenses pro eo.

Item, quod senescalli Petragoricenses pro dicto domino rege et bajuli ac servientes regii pro ipso uti fuerunt et explectaverunt pluries pro jure dicti domini regis et pro ejus in mediato ressorto et superioritate in dicto loco de Chemolaco et ejus pertinentiis et districtu et quod prepositi de Chemolaco et procuratores eorum et gentes dicti loci consueverunt venire pro casibus immediati ressorti et superioritatis ad assisias de Sarlato et de Montis-Dome dicti domini regis.

Item, quod, licet premissa sic se habeant et sint vera nichilominus officiales et ministri ducis predicti et presertim senescallus Petragoricensis et judex ducis predicti et bajuli ac servientes ipsius senescallie, occupaverunt et adhuc occupare nituntur indebite et de facto ac contra justiciarium ressortum dicti loci de Chemolaco et ejus districtus et pertinentiarum, licet idem dux non habeat aliquod jus ressorti vel superioritatis ibidem nec sibi competat jus premissa faciendi.

---

(1) Trémolac, commune du canton de Sainte-Alvère, arrondissement de Bergerac (Dordogne).

De Badafol.

Item, dicit dictus regius procurator ut supra, quod castrum de Badafol (1) nobilis viri Gastonis de Gontaldo, domini ejusdem castri, cum ejus pertinentiis, honore et districtu, movet et tenetur immediate a domino de Montinhaco et movere ac teneri consuevit ab antiquo ab ejusdem domino de Montinhaco (2), predecessoribus domini de Montinhaco.

Item, quod dictus dominus dicti castri de Badafol fecit et facere tenetur et debet homagium dicto domino de Montinhaco, pro castro predicto et ejus districtu, et honore et pertinentiis, et quod predecessores sui dicti castri de Badafol consueverunt facere illud idem homagium domino de Montinhaco et predecessoribus suis.

Item, predictus dominus de Montinhaco tenet et tenere debet et predecessores sui tenuerunt et tenere debent et consueverunt castrum de Montinhaco cum omnibus suis feudis et retrofeudis et pertinentiis immediate a dicto domino rege.

Item, quod, ratione premissorum et aliis justis causis, ressortum et superioritas dicti castri de Badafol et ejus pertinentiarum et districtus pertinet et pertinere debet post dominum de Montinhaco ad dictum dominum nostrum regem.

Item, quod, licet premissa sic se habeant et sint vera, nichilominus officiales et ministri ducis predicti et presertim senescallus suus Petragoricensis occupaverunt et occupare nituntur indebite et de facto et contra justitiarium ressortum dicti castri de Badafol, licet idem dux non habeat aliquod jus ressorti vel superioritatis ibidem, nec sibi competat jus premissa faciendi.

De Monte-Ferandi.

Item, dicit dictus regius procurator ut supra, quod castrum de Monte Ferandi (3), cum ejus honore et pertinentiis, movet et tenetur, seu movere et teneri consuevit et debet a predicto monasterio Sarlatensi, retento ut supra dicitur cum omnibus suis feudis et retrofeudis ad manum domini nostri regis.

Item, quod, ratione ejusdem monasterii sic ad manum regis retenti, ressortum et superioritas ejusdem castri et districtus et pertinentia-

---

(1) Badefols de Cadouin, commune, canton de Cadouin, arrondissement de Bergerac (Dordogne).

(2) Montignac, chef-lieu de canton, arrondissement de Sarlat (Dordogne).

(3) Montferrand, commune du canton de Beaumont, arrondissement de Bergerac (Dordogne).

rum ejusdem pertinet et pertinere debet immediate post abbatem dicti monasterii ad dominum nostrum regem.

Item, quod si aliqua avoacio facta est de dicto castro et ejus districtu, quod teneatur ab alio domino quam a predicto monasterio, facta in injuria et in prejudicio domini nostri regis et ressorti sui immediati.

Item, quod, licet premissa sic se habeant et sint vera, nichilominus officiales et ministri ducis predicti et presertim senescallus suus Petragoricensis et ejus ministri occupaverunt et occupare nituntur indebite et de facto et contra justiciarium ressortum dicti castri de Monte-Ferrandi et ejus pertinentiarum et districtus, licet idem dux non habeat aliquod jus ressorti vel superioritatis idem non sibi competat jus premissa faciendi.

De Parte Castri de Coneux.

Item, dicit dictus regius procurator ut supra, quod pars castri de Coneux (1) et ejus pertinentiarum et districtus in processu inferius, declarando movet et tenetur seu movere et teneri debet immediate a predicto monasterio Sarlatensi retento ut supra, dicitur cum omnibus suis feudis et retrofeudis ad manum dicti domini nostri regis.

Item, quod ratione ejusdem monasterii sic ad manum regis retenti, ressortum et superioritas dicte partis et districtus et pertinentiarum ejusdem pertinet et pertinere debet immediate post abbatem dicti monasterii ad dictum dominum nostrum regem.

Item, quod, licet premissa sic se habeant et sint vera, nichilominus officiales et ministri ducis predicti et presertim senescallus suus Agenensis et ejus ministri occupaverunt et occupare nituntur indebite et de facto et contra justitiarum ressortum dicte partis castri de Coneux et ejus pertinentiarum et districtus, licet idem dux non habeat aliquo jus ressorti vel superioritatis ibidem, nec sibi competat jus premissa faciendi.

De Bello-Monte et de Moleriis.

Item, dicit dictus regius procurator ut supra, quod bastide de Bello-Monte (2) et de Moleriis (3) sunt in prejudicium dicti domini regis

---

(1) Tonnéins, chef-lieu de canton, arrondissement de Marmande (Lot-et-Garonne).

(2) Beaumont, *ut supra*. La bastide fut construite vers 1272 par Luc de Terny, maréchal de Gascogne pour le roi d'Angleterre.

(3) Molières, commune, canton de Cadouin, arrondissement de Bergerac (Dordogne). La bastide fut construite par Jean de Grailly, sénéchal de Gas-

edificate in feudum vel retrofeudum dicti domini episcopi Petragoricensis, ratione feudi sui de Sancto-Avito Seniore (1).

Item, quod omnia feuda et retrofeuda dicti domini episcopi subsunt et subesse debent et consueverunt immediate post ipsum dominum episcopum quasi ad temporalitatem dicto domino nostro regi vel senescallo suo Petragoricensi pro eo.

Item, quod, licet premissa sic se habeant et sint vera, nichilominus officiales et ministri ducis predicti et presertim senescallus suus Petragoricensis et ejus officiales occupaverunt jurisdictionem locorum ubi sunt dicte bastide constructe et pertinentiarum eorum et occupare nituntur indebite et de facto et contra justiciam in prejudicium domini nostri regis et ressorti sui, licet idem dux non habeat aliquod jus in premissis et licet non competat ei jus premissa faciendi.

De burgo et parochia del Sac (2)
et Santi-Aviti de Moyro (3).

(*Cœtera desunt.*)

ADDITIONS ET RECTIFICATIONS AUX NOTES
DE L'INFORMATION DE 1310.

Nous profitons de l'impression de cette charte pour apporter quelques rectifications au texte et aux notes de l'information de 1310, publiée en 1902.

Nous sommes très reconnaissant à M. le marquis de Cumond, au comte de Saint-Saud, à M. Champeval d'avoir bien voulu nous signaler les erreurs qui se sont glissées dans nos identifications.

Page 11. — Modifier la note 2 ainsi qu'il suit : *Hôpital de Saint-Antoine dn Pizou, village de l'ancien diocèse de Périgueux, aujourd'hui du département de la Gironde. C'est un des membres de la commanderie générale de Saint-Antoine de Mirand (commune de*

---

cogne. (*Lespine XLVII, Coutumes de Molières accordées en 1286 par Edouard Ier, roi d'Angleterre.*)

Edouard Ier, roi d'Angleterre, y fit construire une bastide en 1285 et lui donna des coutumes. (Société historique et archéologique du Périgord, IV, 415.)

(1) Saint-Avit-Sénieur, commune du canton de Beaumont, *ut supra*.

(2) Le Sac, hameau, commune de Gardonne, canton de Sigoulès, arrondissement de Bergerac (Dordogne).

(3) Saint-Avit de Moiron, commune de Gardonne. *ut supra*.

Cumond) appartenant à l'ordre hospitalier de Saint-Antoine de Viennois.

(Ibid). — Modifier la note 3 ainsi qu'il suit : *Pizou (le), oommune du canton de Montpon, arrondissement de Ribérac (Dordogne)*.

Page 12. — Note 6, ligne 2. — Après : *Châtellenie d'Yviers* ; ajouter : *(Charente)*.

Page 14. — Note 4, ligne 2. — Au lieu de : *(Dordogne)* ; lire : *(Gironde)*,

Page 15. — Note 4, ligne 6. — Au lieu de : *Monteynard* ; lire : *Montmeynard*.

Page 16. — Ligne 10. — Au lieu de : *invitatis* ; lire : *civitatis*.

(Ibid). — Ligne 21. — A propos de : *de Quadris* ; mettre en note : *des Cars*.

(Ibid). — Note 5. — Au lieu de : *Salignac* ; lire : *Solignac*.

(Ibid). — Note 12. — Au lieu de : *Pomprignac (?)* ; mettre : *p. e. Lompreignac*.

Page 17. — Note 4. — Ajouter à la suite de cette note : *près l'église Saint-Maurice*.

Page 18. — Note 2. — Ajouter à la suite de cette note : *ou encore, Mensinhaco, Mensignac*.

(Ibid). — Note 3, ligne 3. — Au lieu de : *St-Avit* ; lire (d'après M. Champeval) : *Saint-Avit-Rivière*.

Page 19. — Ligne 4. — A propos de : *Bosseran* ; mettre en note : *Bousseran, commune de Pontours, canton de Cadouin, arrondissement de Bergerac (Dordogne)*.

Page 21. — Note 12. — Ajouter à la suite de cette note : *ou mieux, commune du Vigan, canton et arrondissement de Gourdon (Lot)*.

Page 22. — Modifier la note 5 ainsi qu'il suit : *Roussillon, fort château, commune de Maxon, canton de Catus (Lot)*.

(Ibid). — Note 11. — Ajouter à la suite de cette note : *ou encore, Rodelar, ou plutôt, Roudelle, village de la commune de Capdenac-le-Haut, canton et arrondissement de Figeac (Lot)*.

(Ibid). — Modifier la note 12 ainsi qu'il suit : *Peut-être Lantouy, près St-Jean-de-Laur, commune et canton de Carjac, arrondissement de Figeac (Lot). Actuellement connu par un gouffre*.

(Ibid). — Note 13. — Ajouter à la suite de cette note : *ou encore, Les Cours, commune de Saint-Cirques, canton de La Tronquière, arrondissement de Figeac (Lot)*.

Charte n° 2.

1323. — 4 Septembre. — Hommage a Archambaud Taleyrand, comte de Périgord, par Geraud de Cassaignol, chevalier, seigneur de Vernode, et Etienne de Cassaignol, chevalier, son frère, pour tout ce qu'ils possédaient en l'honneur de Vernode et de Saint-Astier. — (*Archives nationales.* — *M. 537.* — *Dossier de Salignac, n° 96.*)

En examinant tout dernièrement aux Archives nationales les dossiers de la famille de Salignac, nous avons trouvé un hommage qui nous a paru du plus haut intérêt pour l'histoire territoriale du Périgord. Car cette pièce n'est pas seulement un hommage, mais un aveu et dénombrement qui donne de nombreux renseignements sur la topographie de la région de Tocane-St-Apre au moyen âge. Quelle importante population devait alors contenir notre province, quand un document nous révèle la quantité d'habitations et tènements dont elle était remplie ! L'un de ces réduits ou lieux-dits parfois subsiste encore et se trouve sur les cartes de Belleyme et de Cassini. Mais combien d'autres ont disparu. Le texte ci-dessous nous en conserve le souvenir pour ce coin du Périgord, avec une précision qu'il est rare de rencontrer.

Nos Ludovicus Robineti, in artibus magister et in decretis baccalaureus, judex ordinarius totius jurisdictionis castri et castellanie de Capdolio, diocesis et senescallie Petragoricensis, pro nobili et potenti viro domino Arnaldo de Salignaco (1), domino de Capdolio (2) et de

------

(1) Arnaud de Salignac, seigneur de Magnac, Le Chapdeuil, écuyer d'écurie du Roi en 1460, qu'on croit mort sans postérité : fils d'Antoine de Salignac, chevalier, seigneur des mêmes lieux et de femme inconnue. (*Bibliothèque nationale, fonds Périgord, 164.*)

(2) Le Chapdeuil, commune du canton de Montagrier, arrondissement de Ribérac (Dordogne).

Maignaco (1), scutifero scutiferie domini nostri regis Francie ejusque senescalli Petragoricensis, notum facimus universis et singulis, nos vidisse, tenuisse, legisse et diligenter inspexisse quasdam patentes litteras, seu instrumentum, non rasas, non cancellatas, non abolitas, nec in aliqua sui parte suspectas, sed omni prortus vitio et suspicione carentes, formam hujus modi continentes :

In nomine Domini, amen. Pateat universis et singulis per hoc presens publicum instrumentum quod, die sabati ante festum nativitatis Beate Marie, videlicet quarta mensis septembris, anno Domini millesimo trescentisimo vicesimo tertio, ante ecclesiam Sancti-Asterii, in dicto loco Sancti-Asterii (2), regnante excellentissimo principe rege nostro domino Philippo, Dei gratia Francorum et Navarre rege, in mei notarii publici subscripti presentia et testium subscriptorum ad hoc vocatorum et rogatorum, personaliter constitutus coram domino Archambaldo Talcyrandi, comite gratia Dei Petragoricensi, nobilis et potens vir Geraldus de Cassaignol dominus de Vernodio (3) tam pro se quam nomine domini Stephani de Cassaignol, militis, fratris sui, qui gratis et sponte non coactus, non deceptus, non vi, dolo, metu fraude cessantibus, in hac parte recognovit et publice confessus se tenere et sui predecessores, a quibus vis et causam habet, tenuerunt ab antiquo in fradam francam et nobilem a predicto suo comite, prout sui predecessores a quibus vis et causam habet, quidquid habet et habere potest in toto honorio de Vernodio et Sancti-Asterii, tam in parrochiis de Vernodio (4), Beate Marie de Perducio (5), de Segonzaco (6), Sancti-Pardulphi (7), et Sancti-Medardi (8) ; Item, totum mansum de La Martinia, de La Guillermia, de La Fortania, de La Boyssera, simul contigua, scita in parrochia de Perducio, boriam de Podio-Chalvet,

---

(1) Magnac, commune du canton de Saint-Germain-les-Belles-Filles, arrondissement de Saint-Yrieix (Haute-Vienne).

(2) Saint-Astier, chef-lieu de canton, arrondissement de Périgueux (Dordogne).

(3) Vernode, ancien château dont il reste encore des ruines, commune de Tocane et Saint-Apre, canton de Montagrier, arrondissement de Ribérac (Dordogne).

(4) Vernode, ancienne paroisse, *ut supra*.

(5) Sainte-Marie de Perdus, ancien nom de la section de la commune de Tocane et Saint-Apre, comprenant Tocane, *ut supra*.

(6) Segonzac, commune du canton de Montagrier, *ut supra*.

(7) Saint-Pardoux-de-Drône, commune du canton et arrondissement de Ribérac (Dordogne).

(8) Saint-Médard-de-Drône, commune du canton et arrondissement de Ribérac (Dordogne).

mansum de Grammunt, de La Cregara, de La Merlia, de La Peguera, de La Robertia et de Perpesat, simul contigua in eadem parrochia de Perducio ; Item, mansum de La Faya de Cassaignolx, de La Valada, de Podio, simul contigua in eadem parrochia ; Item, mansum sive meynamentum del Rivals, de Merigot, de Peyrelevada, de Matimont, de La Vila, de Cambis et de La Costa, simul contigua in parrochia de Dobchaco (1) ; Item quandam tenentiam inter burgum de Dobchaco et iter quo itur de Dobchaco versus maynamentum Helie Ramnulphi, ex parte una, et rivum qui descendit de fonte predicti meynamenti versus molendinum de Dobchaco et iter quo itur de Ribeyraco apud Vernodium, ex alia ; Item, omnes terras, prata et nemora que habet inter rivum dictum Rejet, tenentiam rectoris de Dobchaco et aquam Drone, et iter quo itur de Dobchaco apud Vernodium ; Item, mansum de La Faya, et quidquid habet inter rivum qui descendet de fonte maynamenti de La Fabrua, sive de La Fauria, versus molendinum dicti militis, et iter quo itur de Vernodio versus Sanctum Perdulphum et mansum predictum de La Faya ; Item, maynamentum de Podio de La Fayardia, molendinum dictum Chabot, maynamentum de Bello-Loco, de La Grelliera, scita in parrochia Sancti- Pardulphi ; Item, mansum de Cassaignols, de La Fayardia, de La Veysierdia, Giraudent, Podium Arnaldi, maynamentum de La Cotaria, de Vallaneo et totum quidquid est inter iter quo itur de Albaterra versus (*en blanc*), et iter quo itur de hospitali de (*en blanc*) versus maynamentum de Podio, et tenencias maynamenti de Rochefort et domini de Croignaco et ad Sanctum-Pardulphum et in parrochia de Segonzaco cum omnimoda jurisdictionis alta et bassa ; Item, preterea totam vigeriam de Vernodio et de Dobchaco et furnum ; Item, ea que tenet Helias Petrus, domisellus ; Item, ea que tenet Aymericus de Cassaignols ; Item, ea que tenet Arnaldus de Mota, domisellus de Vernodio ; Item, ea que tenet dominus Petrus Vigerii, miles, de Segonzaco ; Item, ea que tenet Geraldus de Borberone dit Fayat ; Item, ea que tenet Guillermus de Malayols (2) in omnibus et singulis premissis parrochiis, excepto ea que tenet a domino episcopo Petragoricensi et ab alio domino ; asseruit se non recordari specificate de hiis que tenet, ab ipsis dictam recognitionem predictus miles fecit modo et forma predictis quibus sit, recognitis et factis, predictus dominus

---

(1) Douchapt, commune du canton de Montagrier, *ut supra*.

(2) Guillaume de Malayoles, damoiseau de Montpon, héritier universel de son père en 1312, fils d'Etienne de Malayoles, damoiseau de Vernode et de femme inconnue. Il avait épousé Navarre de Montpon et testa en 1323. Il était mort avant 1326. (*Ex meis*).

Geraldus, genibus flexis, manibus junctis, inter manus predicti domini comitis interveniente osculo sibi fecit et promisit juramentum fidelitatis in talibus consuetum in forma juris fecit homagium planum pro rebus supradictis, tam pro jurisdictione quam pro aliis rebus ; et dictus comes eam recepit, salvo jure suo et quolibet alieno, et de premissis petiit fieri hoc publicum instrumentum per me notarium subscriptum ; presentibus nobilibus : Helia Ayts et Raymondo de Sancto Asterio, domisellis, testibus ad premissa vocatis et rogatis specialiter. Sic signatum in margine : Helias de Bret, notario regio publico, auctoritate regia sub sigillo curie communis domini nostri regis Francie et ecclesie Sancti-Frontonis et magister Arnaldus de Varina, custos sigilli predicti ad relationem dicti notarii et jurati nostri his presenti-bus litteris sigillum publicum duximus apponendum. In fidem et testimonium omnium et singulorum premissorum in quarum quidem litterarum visione, inspectione testimonium sigillum prefati domini senescalli quo in talibus utitur, adhibitum ad dicta jurisdictione de Capdolio, presentibus (*en blanc*) ad firmam eorumdem fidem ubilibet adhiberi, qui ad hoc (*en blanc*). Actum in assitiis de Capdolio stantibus in Burgo Domorum (1), die xxij mensis martii, anno Domini millesimo quadringentesimo sexagesimo ; presentibus : domino Johanne de Furno, presbitero, domino Stephano Robini, presbitero, Aymerico Folcaudi, Petro de La Moura, et pluribus ibidem aliis existentibus testibus. Signé : Robineti judex predictus. Et après est escript : Facta collatio cum vero originali per me Joannem de Lesperac, clericum, notarium publicum regium scribamque et commissarium de curia de Capdolio una cum prefato domino judice. Signé : de Lesperac, scriba dicte curie de Capdolio.

La présente coppie a esté collationnée à son original en vertu de l'ordonnance du conseiller mise au bas de la requeste à ceste fin, présentée à icelluy le xj^e du présent mois par mestre François Nadreau prenant le faict et cause pour mestre Jean Riberol, advocat en la cour de Parlement de Bourdeaux, en la présence et ce requérant mestre François Giraud, procureur du dict Nadreau et au deffault et absance de mestre François de Gouvennin, Durand Proffit, Michel Chauvin, Jean Guillaume, Mathieu Proffit et Louys Lefebure, procu-reurs de mestres Guillaume Rochon, advocat, Guillem Chieze, Théodore Escot, Ysaac Martheille, Jacob Lacombe, bourgeois de Bergerac, mestre Jean Cheyron, advocat, mestre du Boys, advocat, David de Sainct-Aulaire, sieur de Fontenilles, Guillot de Chabans,

---

(1) Bourg-des-Maisons, commune du canton de Verteillac, arrondissement de Ribérac (Dordogne).

escuyer, sieur du Vigier, mestre Jacques Morin, conseiller esleu en Guyenne, et messire François de La Beraudière, evesque de Périgueux, a ce veoir bien et duement appellés et assignez au greffe du dict conseiller prédict ; la dicte coppie ainsi collationnée servir audict Nadreau ce que de raison.

Faict au dit greffe à Paris, le xij⁰ jour d'octobre 1632 ; signé : Collier

Pour coppie collation supposée et signée à Paris, le 16 janvier 1634 ; (*signé* :) Girard.

Charte n° 3

1397. 6 juillet. — Procès-verbal de la démolition de la Tour de Razac. — (*Bibliothèque nationale. — Manuscrits. — Fonds Latin, 9144, Pièce 100. — Original en parchemin de 65×61 °/ᵐ.*)

Cette charte relate un des des épisodes de la mise à exécution de l'arrêt du Parlement de Paris du 3 février 1397, par lequel « Archambaud V, comte de Périgord, et ses complices étaient à perpétuité bannis du royaume de France et à jamais confisqués les biens qui pouvaient leur rester, après satisfaction faite aux peines civiles qui leur étaient infligées par ce jugement ».

C'est, à notre connaissance, la seule pièce ayant un caractère historique, contenue dans cette belle collection de parchemins périgourdins, que l'on croit avoir été réunie par l'auteur des *Antiquités de Vésone*, le comte Wlgrin de Taillefer, et qui se trouve dans le fonds latin de la Bibliothèque nationale, nᵒˢ 9137 à 9145. Toutes les autres sont d'ordre privé. C'est ce qui explique qu'elle ait échappé à Dessalles. Il est plus étonnant que Lespine, qui a coté et analysé une bonne partie de ces parchemins, n'en ait pas fait mention dans son recueil sur les comtes de Périgord. En tout cas, nous ne l'y avons pas trouvée.

Dessalles n'a connu cet évènement de la démolition de la tour de Razac(1) que par les fragments des papiers du consulat de Périgueux conservés par Leydet. (*Bibliothèque nationale, collection de Prunis dans le fonds Périgord*). Voici comment Dessalles en parle à la page 236 de son livre intitulé : *Périgueux*

---

(1) Razac, commune du canton de Saint-Astier, arrondissement de Périgueux (Dordogne).

et les deux derniers comtes de Périgord ; excellent ouvrage à lire à notre avis pour bien connaître cette période si troublée de l'histoire du pays :

« Le jour d'après » — c'est-à-dire le lendemain de la prise du château de Roussille, — « le sénéchal de Périgord se porta seul sur Razac, où commandait un Anglais nommé Barbe-Blanche, venu de Courbafi à la demande du comte. Cet aventurier ne voulant pas entendre aux sommations qu'on lui faisait, il fallut encore recourir à la force. Dès l'abord, on s'empara de l'église et, le jour suivant, on prit la tour avec un seul des hommes de la garnison, le reste ayant trouvé moyen de s'échapper. La tour fut rasée et le prisonnier pendu ».

Nous trouvons dans cette relation deux inexactitudes que va rectifier notre texte. Barbe-Blanche n'était pas à Razac au moment où s'y présenta l'armée royale. Deux Anglais d'Angleterre, Jacques de Willebray et Digon Botelhier, l'occupaient en son nom. En outre, le sénéchal de Périgord Jean Harpedane ne se trouvait pas à la tête de la petite armée chargée de la de la prise de Razac. La fin du procès-verbal indique bien qu'il y était remplacé par son lieutenant Aymeric de Chabannes (*de Cabanis*). Les mots du commencement de la pièce : « Coram nobilibus viris dominis Johanne Harpedame, senescallo Petragoricensi, et Guillelmo Lo Bouteilhier, mili tibus, senescallo Lemovicensi.... », n'impliquent de la part de ces hauts personnages qu'une présence virtuelle. Nous ne savons pourquoi le sénéchal de Périgord n'était pas à la tête de sa troupe lors de la prise de la tour de Razac. Quant au sénéchal du Limousin, Guillaume Le Bouteillier, il avait été deux jours avant blessé devant Roussille et transporté à Périgueux. Pour un motif qui nous est inconnu, peut-être y avait-il été accompagné par son collègue du Périgord.

Nous n'ignorons pas que la charte royale insérée dans ce procès-verbal se trouve déjà dans l'ouvrage de Dessalles et annexée à une autre pièce de procédure. Elle était destinée à de multiples exécutions. Mais, l'enlever de notre texte, nous avons pensé que ce serait présenter au lecteur une belle à laquelle il manque un œil. Elle ne peut en être séparée.

Noverint universi et singuli presentis instrumenti publici seriem inspecturi et audituri, quod die sexta mensis julii, anno Domini millesimo trescentesimo nonagesimo septimo, regnante serenissimo principe et domino nostro domino Karolo, Dei gratia Francorum rege, ante locum de Razaco, Petragoricensis diocesis, in quo Jacobus de Wille-bray, et Digonus Botelhier, Anglici de Anglia, una cum quibusdam aliis Anglicis, complicibus suis, existebant. Coram nobilibus et poten-tibus viris dominis Johanne Harpedame, senescallo Petragoricensi et Guillelmo Lo Bouteilhier, militibus, senescallo Lemovicensi, commissa-riisque et exsequtoribus ad infrascripta per dictum dominum nostrum regem specialiter deputatis.

In mei notarii publici et testium infrascriptorum ad hec vocatorum presentia, personaliter constitutus discretus vir magister Guillelmus Fayditi, dicti domini nostri regis secretarius ac ejus in tota senescallia Petragoricensi procurator, exhibuit et presentavit dictis dominis senescallis et commissariis quasdam patentes litteras dicti domini nostri regis, ejus magno sigillo in cera alba et cauda duplici impendenti sigil-latas, certum arrestum in curia Parlamenti Parisius reverenda, tertia die febroarii ultimo elapsi ad utilitatem dicti domini nostri regis et procuratoris sui generalis pro ipso, necnon majoris et consulum et comm[un]itatis ville et civitatis Petragoricensis et Guillelmi de Botis, burgensis dicte ville, contra quondam Archambaldum, nuper comitem Petragoricensem, certosque suos complices in eodem arresto nominatos pronunciatum continentes, quarum secunda linea incipit « nostri generalis » et finit « in eadem nichilominus » ; et ante penultima linea incipit, « tenuit et reputavit » et finit « in eadem condempnacionibus civilibus », necnon et quasdam alias patentes litteras regias, dicto sigillo regio in cauda simplici, sigillatas, commissionem exsequtionis arresti predicti continentes, quarum tenor sequitur sub hiis verbis :

Karolus, Dei gratia Francorum Rex, senescallis Petragoricensis, Lemovicensis, Xanctonensis, Angolismensis, Caturcencis, Ruthe-nensis, Agennensis et Bigorre, ceterisque justiciariis nostris aut eorum loca ten[en]tibus, necnon omnibus et singulis Parlamenti nostri hostia-riis et servientibus nostris, ad quos presentes littere nostre pervenerint, salutem. Cum, per arrestum tertia die februarii ultimo elapsi, ad utilitatem nostram, vel procuratoris nostri generalis pro nobis, necnon majoris, consulum et comm[un]itatis ville et civitatis Petragoricensis ac Guillelmi de Botis, burgensis dicte ville Petragoricensis, contra Archambaldum, comitem Petragoricensem, magistrum Petrum Coges, magistrum Petrum de Gracia, Guillelmum Jaubert, Petrum del Barelh, Jauffredum Barrii, capitaneum de Rouffia, Colinum de Buonvilla, Johannem Cotet, capitaneum d'Aubarocha, Petrum de Ponte, ejusdem loci constabularium, Johannen de Turre, Johannem Francisci, monachum, Merigotum Deria, Audoynetum, capitaneum de Fossamanha, Johannem Gnon, capitaneum de Bordelhia, Alanum de Marches, capitaneum de Rossilha, Rigaudum, constabularium ipsius loci, Guillelmum Laurion, quendam vocatum Baslida, et quendam vocatum Cossando, et quendam vocatum Phelippot, necnon quendam vocatum Lobort de Sancto-Petro, Johannem Buescornut, procuratorem dicti comitis, et Oliverium Mercurii, complices et malefactores in hac parte, prolatum, iidem complices et eorum quilibet in solido et pro toto, fuerint erga dictos majorem, consules et comm[un]itatem ad fundandum duas cappellanias, qualibet triginta libris annui et perpetui redditus ad mortisali dotatas, nec non in summa triginta mille librarum turonensium ; et ad reddendum et dimictendum dicto Guillelmo de Botis sua hereditalgia, per dictos complices occupata, una cum fructibus perfectibus et emolumentis eorumdem a tempore occupacionis et detentionis ipsorum usque ad plenariam liberacionem et restitucionem eorumdem, sub majori valore quo valuerunt et valebant, condempnati, et a regno nostro, excepto dicto monacho, perpetuo banniti, prout in eodem arresto premissa lacius continentur ; vobis et vestrum cuilibet tenore presencium commictimus et mandamus, quatinus dictum arrestum, de quo liquebit juxta ipsius formam et tenorem, eciam manu armata et militari, si sit opus, ac omnibus aliis viis et modis licitis, quibus melius fieri poterit exsequcioni debite demandetis. Et una cum hoc bannimentum, de quo in eodem arresto sit mencio, in locis insignibus et publicis ad faciendum erida et perconisaciones assuetas, publicetis et publicari faciatis ac eosdem complices, ubicumque in regno nostro, extra loca sacra, reperiri poterunt, capiatis et captos tamquam a regno nostro bannitos, vos judices et justiciarii puniatis et ultimo tradatis supplicio, justicia mediante, inhibeatis insuper, ex parte nostra, et dicte nostre curie, omnibus nostris acque regni nostri subditis et incolis, sub pena corporum et bonorum, ne quis dictos complices fovere, juvare, sustinere vel receptare audeat quomodolibet vel presumat ; Contrarium vero facientes vos senescalli et justiciarii criminaliter aut civiliter, mediante justicia, taliter puniatis quod hujusmodi punicio ceteris transeat in exemplum. In quibus et ea tangentibus vobis et vestrum cuilibet ac deputandis a vobis senescallis et justiciariis, aut alio vestrum, ab omnibus justiciariis et subditis nostris pareri auxiliumque, consilium, vim, favorem et carceres preberi et prestari, quociens opus erit, et super hoc fuerint requisiti volumus efficaciter et jubemus. Datum Parisius in Parlamento nostro decima quinta die marcii, anno Domini millesimo trescentisimo nonagesimo sexto, et regni nostri xvij ; Per laycos in camera : J. de Cessiers.

Quibus quidem litteris per dictum procuratorem regium dictis dominis senescallis et commissariis exhibitis et presentatis ac per ipsos cum debita reverencia receptis, idem procurator requisivit dictos dominos senescallos et commissarios quatinus litteras predictas arrestum predictum continentes exsequcioni debite demandaret juxta ipsarum formam, seriem et tenorem et prout per dictum dominum nostrum regem eis mandabatur. Cumque prenominati Jacobus de Willebray et Digonus Botelhier, assecurati per dictos dominos senescallos, exiissent supra pontem ipsius loci de Razaco, iidem domini senescalli pecierunt ab ipsis Anglicis, pro quo et cujus nomine ipsi tenebant dictum locum ; qui dixerunt et responderunt quod pro et nomine Petri Branchabarba, Anglici de Anglia ; Cui dictus Archambaldus de Petragoricinio ipsum locum dederat ad vitam suam et idem Petrus eundem locum eis tradiderat in custodia seu commenda. Et tunc dicti domini senescalli et commissarii dixerunt et exposuerunt supranominatis Jacobo de Willebray et Digoni Botelhier quod, virtute treugarum existencium inter dominos Francie et Anglie reges, nullus locus, qui tempore inicii treugarum esset de hobediencia regis Francie, nullo modo transferri poterat in manibus alicujus qui esset de hobediencia regis Anglie, nec donari, vendi, tradi, seu alienari per aliquem aut de hobediencia dicti domini regis Er[i]ci ; quovismodo, quare cum ipsi Jacobus de Willebray et Digonus Lo Botelhier et alii sui complices in dicto loco existentes, eundem locum tenerent per vim et violenciam et contra formam et tenorem dictarum treugarum, dicti domini senescalli et commissarii preceperunt et innixerunt dicti Jacobo et Digoni pro se et aliis in dicto loco existentibus, ex parte dicti domini nostri Francie regis et virtute treugarum predictarum ut, statim et absque morosa dilacione, dictum locum redderent et reducerent in et sub hobediencia dicti domini nostri Francie regis, et ipsis dominis senescallis et commissariis nomine dicti nostri regis expedirent et liberarent maxime ; cum dictus dominus noster rex et ejus curia Parlamenti Archambaldum quondam comitem Petragoricensem et ejus complices in dicto arresto nominatos et eorum quemlibet a regno suo bannuerit et eorum bona confiscaverit, modo et forma in eodem arresto contentis et declaratis ; dicti vero Jacobus de Willebray et Digonus Lo Botelhier, pro se et aliis (*mot illisible*) Anglicis in dicto loco existentibus, dixerunt et responderunt quod dictus Petrus Blanchabarba locum predictum eis traderat in custodia et commenda et eis promicti fecerat et juraverat quod locum predictum sibi custodirent et redderent et restituerent tociens quociens ipsum locum vellet habere et quod nulli alii nisi ipsum locum predictum de Razaco modo aliquo traderent, liberarent aut expedirent; Et quod ex causis et racionibus premissis locum predictum eidem Petro custodirent usque ad mortem. Et hiis actis dicti domini senescalli, audientes repulsam et rebellionem predictorum, statim abinde se retraxerunt et gentes suas armatas fecerunt et batistarios paraverunt pro expugnando dictum locum tanquam rebelle et inhobediens dicto domino nostro regi. Et paulo post ecclesiam dicti loci que per dictos Anglicos detinebatur et erat fortis et bene munita gentibus garitis, cadaffallis, fossatis et pallis et aliis munimentis ad factum guerre facientibus dicti domini senescalli expugnari fecerunt et debellarunt per eorum gentes et balistarios; quequidem ecclesia, post magnum insultum, ex quo fuerunt sequtum plura vulnera percussionum et ictus lapidum, per dictas gentes armorum et balistariorum fuit capta, et ad hobedientiam dicti domini nostri regis redacta. Et post modum dicti domini senescalli, per eorum gentes et balistarios turrim dicti loci, que pulcra erat et fortissima debellari et expugnari fecerunt, et pluribus artificiis, fustibus, pontibus ligneis contra dictam turrem positis et vi armorum affixis ad finem ut dicta turris de subtus dicti ponti et artifficii minari et deversus fondamentum ipsius dirui et demoliri posset et pluribus insultibus ac lapidum ictibus sequtis et pluribus canonis lapidibus contra garitas dicte turris projectis et aula dicti loci, que contigua erat dicte turri, igne concremata circa horam vesperorum. Supranominati Anglici in dicta turri existentes, vita eorum salva, et omnibus eorum bonis amissis et incursis dictis dominis senescallis se reddiderunt captivos et dictam turrim dicto domino nostro regi et ejus senescallis predictis reddiderunt et eandem turrim deseruerunt. Quibus premissis in modum predictum peractis, dicti domini senescalli volentes dictum locum pro jure dicti domini nostri regis stabilire et capitaneum et custodiam pro eodem domino nostro rege ponere, quiquidem capitaneus dictum locum custodiret ac teneret et gubernaret; Informacioni suam fecerunt super premissis et super valore et recepta loci predicti et inhabito consilio ac deliberatione matura super hoc prehabita super premissis, quia per informacionem legitimam super premissis per ipsos factam cum testibus fide dignis eis costitit acque constat et sint pro ipsos clarissime repertum quod ex recepta seu redditibus et proventibus dicti loci que ultra summam centum solidorum non ascendebat nec ascendit prout ibidem per habitatores dicti loci dicebatur et asserebatur, dictus locus minime custodiri posset et quod si sine custodia gencium armorum dimicteretur, defacili posset in manibus dicti Archambaldi de Petragoricinio ac dicti Petri Blanchabarba, Anglici, et aliorum rebellium et inimicorum dicti domini nostri regis teneri et reduci et pro quod ob hoc multa et infinita mala subditis dicti domini nostri regis et toti patrie Petragoricensi sequi possent et quod utilius et expediencius erat dicto domino nostro regi et patrie Petragoricensi dictum locum dirui et demoliri quam si integer et pro tali remaneret. Et hiis attentis domini senescalli et commissarii ante dicti preceperunt et injunxerunt ex parte dicti domini nostri regis omni manerici gentium quatinus turrim predictam funditus dilapidarent et diruerent et demolirent, et pallum quod ecclesiam dicti loci circumdabat et garitas seu cadaffalla que erant sub tegumine seu cohopertura dicte ecclesie diruerent etiam ac destruerent et amoverent penitus et omnino ad quorum jussum, ordinacionem et preceptum gentes et populares ibidem existentes dictam turrim demolierunt, diruerunt et dilapidarunt in tantum quod major pars dicte turris corruit et cecidit ad terram. Et ibidem in continenti dicti domini senescalli fecerunt proclamari publice, sono tube precedente, per quemdam preconem seu tubicinatorem ibidem existentem ex parte dicti domini nostri regis ut omnes habitatores et parrochiam dicti loci de Razaco statim venirent ibidem coram dictis dominis senescallis pro faciendo et prestando dicto domino nostro regi fidelitatis jurammentum. Exibidem venerunt et se presentaverunt coram domino Aymerico de Cabanis, milite, locum tenentem dicti domini senescalli Petragoricensis et magistro Guillelmo Faydili, procuratore generali dicte senescallie, Guido Radulphi, domicellus, Rotgerius Sicardi, Guillelmus Jay, Stephanus Tetina dictus Jalinat, Arnaldus Paes, Helias d'Andrivals, Helias de Vila-Susanna, Bernardus de La Fon, Helias de Marsaguet, Helias Vacho, Aymericus de Belayc, Aymericus Chichanel, Raymundus Chabrol, Bernardus Bonet, Petrus del Mas, et Johannes Robberti, qui juraverunt ad et super sancta Dei Evangelia corporaliter librum tangendo, quod de cetero erunt boni legales et fideles dicto domino nostro regis et quod de censibus, redditibus, aut aliis juribus et deveriis per ipsos debitos non respondent nec obedient amodo dicto Archambaldo de Petragoricinio, nec alicui alteri, preterquam thesaurario dicti domini nostri regis, aut deputando ab ipso, nisi hoc facerent contra et malle velle suo compulsi per dictum Archambaldum et gentes suas.

De quibus premissis omnibus et singulis dictus procurator regius peciit et requisivit per me infrascriptum notarium publicum sibi fieri et concedi publicum instrumentum seu publica instrumenta, unum vel plura, tot quos habere voluerit et erunt sibi necessaria de eisdem, quod seu que ego notarius publicus infrascriptus sibi concessi faciendum, seu facienda.

Acta fuerunt hec et concessa in modum predictum, die anno, loco

et regnante quibus supra ; testibus presentibus : Hugone de Montelhau-
vino et Oliverio de Mauritanha, domicellis, ad premissa vocatis.

(Monogramme du notaire).

(*A la suite est écrit :*) Et me Halia Servientis, clerico, Petragoricensis diocesis, auctoritate regia notario publico, qui premissis
omnibus et singulis dum agerentur in modum predictum, una cum
prenominatis testibus presens personaliter interfui, et de,et super eis
hoc presens instrumentum publicum inquisivi et recepi quod aliis
occupatus negociis per alium scribi et grossari feci hic quod inferius
manu propria me subscripsi signoque meo publico et solito signavi,
requisitus in testimonium premissorum.

www.ingramcontent.com/pod-product-compliance
Lightning Source LLC
LaVergne TN
LVHW010338030726
842520LV00004B/1535